彼刻
此時

港島東百年變遷

鄭寶鴻 編著

目錄

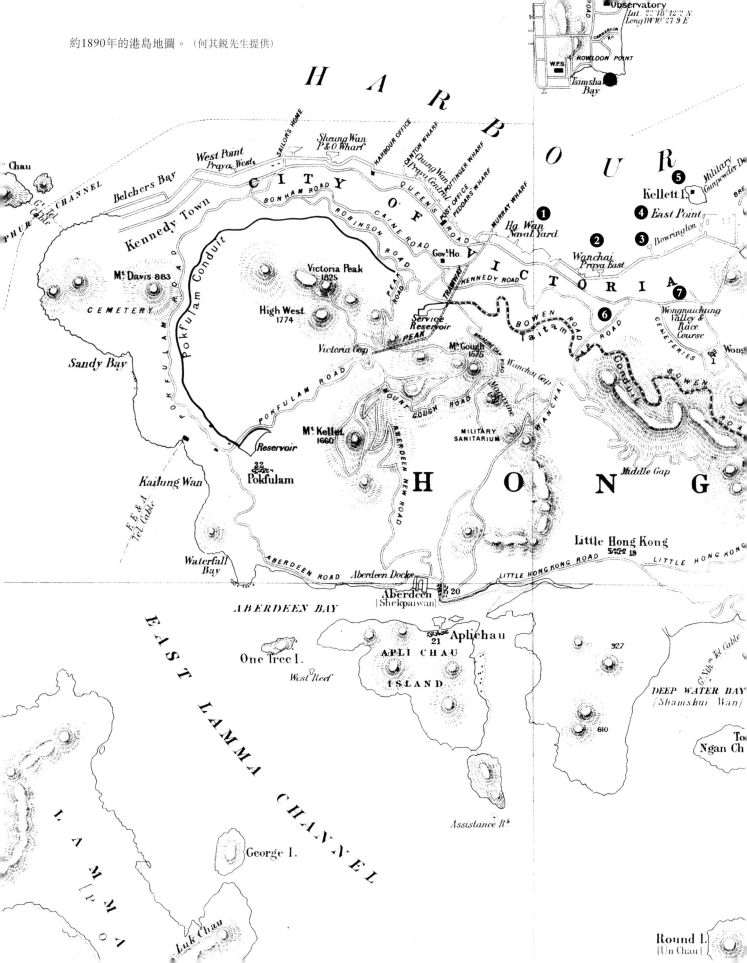

約1890年的港島地圖。（何其銳先生提供）

1　位於下灣的海軍船塢。下環的範圍，是由花園道和美利碼頭所在的美利道起，至銅鑼灣的地段。

2　灣仔海旁東，或稱海傍東、海旁東，是現時的莊士敦道，以及由史釗域道迄至怡和街的一段軒尼詩道。

3　寶靈頓或稱寶靈城，是介乎軒尼詩道、天樂里、摩理臣山道與堅拿道西的地段，中軸線為寶靈頓道。

4　東角，是由波斯富街、軒尼詩道迄至告士打道，早期大部分為怡和洋行的貨倉及糖廠的地段。

5　奇力島，土名為燈籠洲，連帶附近部分銅鑼灣地段亦稱為燈籠洲，早期有一軍火儲存庫。1963年灣仔填海工程完成後，奇力島與陸地相連。

6　灣仔峽道或稱峽道、唥道，是由山頂伸延至灣仔摩理臣山道者。1949年，灣仔的一段被併入皇后大道東。

7　黃泥涌谷，後來被名為快活谷。1840年代，跑馬場在此設立，這一帶的地區因而被名為跑馬地。

8　咖啡園，為掃桿埔的墓葬區。1954年，這一帶被發展為政府大球場。

9　大坑新村，或名大坑村，即現時的大坑區。

10　銅鑼灣，位於大坑村前的銅鑼形海灣，經歷1880和1950年代的二次填海後，海灣新填地上闢建有中央圖書館、皇仁書院等建築以及維多利亞公園。

11　銅鑼灣避風塘及防波堤，所在現為維多利亞公園。

12　北角，名稱源於此伸出海面的岬角。威菲路為英陸軍少將，附近的地區以他命名。

13　七姊妹，早期由銅鑼灣至鰂魚涌間之地段的名稱。

14　筲箕灣道，由怡和街尾起一直伸延至筲箕灣的道路。1935年後，部分被易名為銅鑼灣道、電氣道及英皇道。

15　鰂魚涌，早期名為打石灣。

16　1880年代，太古糖廠在此設立，該位置現為太古坊一帶。

17-18　黃角咀、水淺灣，該一帶於1907年建成太古船塢，現時為太古城。

19　形似筲箕的海灣，愛秩序灣。

20　筲箕灣市集，早期的名稱為餓人灣。

21　譚公仙聖古廟所在的阿公岩。

呂大樂

序

兒時家住北角，每年夏天最悶熱的幾個晚上，外公都會帶我「遊電車河」，通常是選擇往屈地街的那一個方向，但有時也會反過來朝東面走。總之，港島電車沿線風景，是我兒時回憶的重要部分。而當時坐在電車上層，靠着窗口，陣陣涼風，同時沿途見到各區的不同風貌，每次都十分興奮。

到了中學階段，讀灣仔皇后大道東上的學校。灣仔、銅鑼灣，以至跑馬地、天后一帶的大街小巷，走過不少遍。那是成長過程中的生活經驗，印象很深。

反而是北角至筲箕灣的那一段路，雖然並不遙遠，卻是相對地少到的地方。不過，若要前往石澳游泳、行山、燒烤，總要經過西灣河、筲箕灣。結果，還是每兩三個月，便會充滿好奇的在東區走走。

有時候，我想那是家住港島的好處，港島北岸面積不大，而且交通簡單（電車服務由東至西將北岸各區連繫起來），很容易便可踏出自己所住的社區，到其他地方逛逛。而島上各區，各有特色，性格鮮明和突出，從不會混淆。

對！銅鑼灣和灣仔都有不少娛樂、消費場所，街上熱鬧非常。但灣仔就是灣仔，銅鑼灣就是銅鑼灣；正如東方戲院或香港大舞台不是紐約、豪華一樣，各區各自有其個性，由城市景觀、社區氣氛、街頭活動，到街坊的生活習慣，都不會是同一個模樣。

由金鐘一直往東走，所經過的街頭巷尾，構成一幅「城市文化馬賽克」，當中有微觀精細之處，但整體上又可拼為一個完整的圖案──香港島跟九龍半島、新界又很不一樣（而港島居民也很自覺自己是港島居民）。

而我特別對社區與社區之間接連的地方特別感到好奇。以前中環與灣仔是明顯地分隔開來的。如本書的「軍營區及海軍船塢」一節的圖片所顯示，舊時並沒有金鐘，而兩區之間的山邊與海旁均屬軍事用地，基本上沒有平民的活

動。說得直接一點，是缺乏人氣。而加上美利樓鬧鬼的傳說，晚上經過時，甚至會覺得有點陰森。乘電車西行，離開灣仔之後，便進入「死亡彎角」，車廂左搖右擺，但很快便可以見到木球會，象徵快要到達中環。如果由中環往東走，則當遠處見到中華循道會禮拜堂之時，則表示已差不多到了大佛口，立即進入灣仔。

類似的交接路段，見諸灣仔與銅鑼灣之間的鵝頸橋，銅鑼灣與天后、北角之間的維多利亞公園，還有北角、鰂魚涌與筲箕灣之間的太古船塢。以前每到達這些交接路段時，便好像聽到來自城市、社區的提示：你快要進入另一個區域了。

今天，整個港島北岸的各個小區已差不多是無縫的接合起來了，由筲箕灣到金鐘一氣呵成。不過，話雖如此，只要留心細看，一些社區特色依然隱約可見。

由鄭寶鴻先生編著的《此時彼刻：港島東百年變遷》，呈現在讀者面前的，並不單只是珍貴的老照片、簡潔但有力的圖片說明，能勾起不少人的回憶，而且也是簡明的城市史和社區史——範圍以（現）金鐘至筲箕灣為界線，拼出港島北岸的城市景觀。經他精心挑選，每幅圖片都值得細心觀看，咀嚼其中的味道，了解背後的歷史轉變。

呂大樂
香港教育學院亞洲及政策研究學系
香港研究講座教授

1962年的海軍船塢及軍營區。
右下方為剛落成的大會堂，其東面之夏慤道已通車。
左中部為落成於1955年的警察總部。

軍營區

1850 年代，東區的分區地名有：下環（包括灣仔）、黃泥涌、紅香爐、七姊妹、打石灣、黃角咀、水淺灣、臥（餓）人灣、阿公岩及西灣。上述多個分區的居民是以打石為主。

1904 年電車通車時，東區的車站有：軍器廠街、灣仔街市、鵝頸、跑馬場、銅鑼灣、馬球場、覓得波（都城）酒店、太古船塢及筲箕灣。

下環，是指由花園道以東迄至銅鑼灣的地段，起點處的一段皇后大道東，約於 1970 年易名為金鐘道。

開埠初期，英軍營及軍事區設於西營盤及石塘咀所在的西角。到了 1845 年才逐漸遷往金鐘道兩旁，這一帶的軍營共有三座，分別命名為「美利」、「域多利」及「威靈頓」。於 1854 年起，開始建造一座海軍船塢，並駐有一艘名為「添馬」（Tamar）的炮艦。

1846 年，美利軍營區域的美利樓，以及英軍司令官邸的旗杆屋（現茶具文物館）落成。同時，原設於中環街市附近的「廣州市場」，亦遷至這一帶的金鐘道。

域多利軍營是位於美利軍營東鄰的軍營山上（現太古廣場一帶），兩者之間有一條蟠龍里（Broom Lane）。

位於其對面的威靈頓軍營內有一座樂禮大樓（現樂禮街旁），頂端有一金色的時鐘，乃「金鐘」一名的起源。

其西鄰的海軍船塢，出入口所在現為「力寶中心」，上下班時段，近萬工人擠滿兩旁的行人路。迄至 1960 年，金鐘道兩旁設有多面「不准擅進，如敢故違，開槍射擊」的紅底白字警告牌。五六十年代，每屆聖誕期間，不少鬧事或醉酒水兵，持啤酒瓶追打行人，市民於這段時期，視金鐘道為畏途。

1952 年底，金鐘道進行一個月的大維修，人車交通幾全部癱瘓。油蔴地小輪公司開辦一由中環至灣仔杜老誌道的小輪航線。

1958 年，港府與軍部簽約，收回軍營及海軍船塢，於 1959 年實行。

1960 年，開始在海軍船塢地段填海以建夏慤道。工展會亦於同年起在此舉行。至於夏慤道的行車天橋，則於 1966 年啟用。

1963 年 5 月，已被用作差餉物業估價署的美利樓鬧鬼，要由佛教聯合會舉行超薦法會以安人心。

1964 年 4 月 12 日，蟠龍里旁的「死亡彎角」地段，發生首宗電車翻倒，一人死多人傷的慘劇。到了 1971 年 11 月 11 日，又有雙層巴士在此翻倒，四十一人受傷。

1967 年 8 月 4 日，在美利軍營地段闢建的紅棉路正式啟用。

1982 年 8 月，政府以十億元的作價，批出美利樓的地段予中國銀行，興建中銀大廈。美利樓則於十多年後在赤柱重置。

1980 年代，兩幅原為域多利軍營的地王，為太古洋行投得，以興建太古廣場、商業綜合大樓及酒店。

及海軍船塢

QUEENS RD. EAST H.K.

由美利樓東望皇后大道東，約 1925 年。
正中兩座三層屋宇之間是海軍船塢的入口，右方的屋宇後來拆卸，
於 1967 年闢成紅棉路。

駛經皇后大道東美利樓前的西行木篷電車，約 1925 年。
右方為木球會（遮打花園）及大會堂。

約 1926 年的中環與下環交界。

右下方的大會堂現為舊中國銀行所在。中部的美利操場現為長江中心。

左方為花園道與皇后大道東（金鐘道）交界的美利樓。

位於美利道與干諾道中交界，維多利亞泳會的樓房，1928 年。
正舉行賽艇活動，這裏亦為渡海泳的終點，
而起點則為尖沙咀現「五枝旗杆」前。

泊於海軍船塢的添馬艦，約 1928 年。

此軍艦於 1941 年 12 月淪陷前被鑿沉，1960 年代這一帶發展添馬區。

約 1928 年的海軍船塢。前中部為入口，中右方可見白色的添馬艦。

約 1897 年的皇后大道東，美利與威靈頓軍營交匯處。
右方為位於 1 號 A 的海軍會所，兩座建築物之間是蟠龍里。
左方的軍營山現為太古廣場所在。
這一帶於戰後被視為交通意外頻生的「死亡彎角」。

No. 236　　　　　　　　　　　Wellington Barrack

皇后大道東威靈頓軍營內的樂禮大樓，約 1912 年。
其左方於 1970 年代闢成一條樂禮街。
大樓上端的一座金色時鐘，為金鐘區及金鐘道名稱的由來。

由船街西望杉排及大佛口一帶，約 1962 年。

最高的是落成於 1959 年的寶華大廈，其左方是現為警察總部一部分的警察宿舍。

大佛口

1840 年代，一座軍器廠設於下環金鐘道，與皇后大道東交界，其旁為第一代的軍器廠街。（現時的軍器廠街，是在 1920 年代填海的新填地上開闢。）

1844 年，一座「東區街市」落成於軍器廠街與皇后大道東交界，其背後的兩端，分別有位於海旁東（現軒尼詩道）的軍糧局貨倉和海軍食堂，及皇后大道東育嬰堂所在的法國教會。

二十世紀初，街市已變身為商住樓宇，當中有一「大佛洋行」，該日本洋行所陳列的金色大佛，漸成地標，亦為該地段「大佛口」名稱的由來，由於日本商行雲集，該一帶亦被稱為「小東京」。

位於軍器廠街與海旁東之間，於 1910 年 6 月，建成一間海員（或稱水手）會館，此外，亦有一座海員會館位於機利臣街旁的海旁東（莊士敦道）。

一座最新的水手及海軍會館（Sailor And Soldier's Home），於 1929 年在軒尼詩道與晏頓街之間落成，被稱為「紅磚屋」（所在現為衛蘭軒）。而落成於 1910 年的一座連同海軍食堂等建築物則於 1938 年拆卸，以闢軒尼詩道。

這一帶有一座大佛碼頭，有不少妓女在附近海面的艇上賣淫。警方不時掃蕩拘捕，妓女連同嫖客被稱為「水上野鴛鴦」。

1939 年，當局在皇后大道東與星街之間的山段，開闢數座防空洞。而迄至聖佛蘭士街之俗名為「杉排」的地帶，早於 1841 年，曾闢成第一座天主教墳場，墳場他遷後，地段於 1883 年出售。

1890 年成立的香港電燈公司，發電廠就是位於這一帶的電氣街及永豐街等，稍後亦開闢了日、月、星街。

二十世紀初，一間「安樂水房」（汽水廠），在皇后大道東 59 號開張，營業至 1970 年代。

1909 年 8 月，置地公司將這一帶原法國教會的地段，包括蘭杜街至李節街之間的多幢樓宇和舖位出租，街名的晏頓及蘭杜，都是置地公司的大班。蘭杜街曾有一間中華戲院於 1952 年重建為麗都。

和平後的 1946 年，大佛口至告士打道延伸至灣仔道一帶，外國水兵雲集，開設了大量酒吧，為私娼（又被稱為「交際花」、「國際女郎」及「阻街女郎」）的活躍地帶。

1949 年 3 月 22 日，位於軒尼詩道與軍器廠街交界的麗的呼聲有線電台啟播。

1950 年，有一灣仔蔬菜統制市場，設於軍器廠街，運作了半年多。

1955 年 8 月，警察總部由干諾道中 2 號的東方行遷至落成於軍器廠街的新廈。

及杉排

Queen's Road East, Hongkong.

位於皇后大道東與軍器廠街交界的大佛洋行，約 1910 年。

左方是軍器廠，

右方的大佛山下端於 1940 年闢成三座防空洞。

位於軍器廠街，
大佛洋行左方的落成於 1910 年第二代海員之家的一部分。攝於落成不久。
這一帶的屋宇於 1938 年拆卸以闢軒尼詩道。

由皇后大道東大佛山望第一代軍器廠街，約 1920 年。
可見兩部交通意外後受損的電車。
右方為第二代海員之家。

1929 年，剛落成的海員及海軍之家。

左方為晏頓街，前方為填海而獲得的地段。

於 1938 年，右方的屋宇拆卸連同此地段，開闢軒尼詩道。

這座紅磚屋宇約於 1990 年改建為衛蘭軒。

約 1951 年的大佛口，右方為皇后大道東。
大佛洋行及海員之家等屋宇於 1938 年拆卸後，
興建了正中的先施保險大樓及開闢左方的軒尼詩道。
其前的軍器廠街亦移往左方的地段。

由永豐西街向上望永豐街，1979 年。
左上方為星街。1890 年之第一代發電廠就是位於這一帶。

由皇后大道東上望聖佛蘭士街，1978 年。

由寶雲道西望大佛口區，約 1905 年。
正中四座金字屋頂的是名為「藍行」之海軍食堂，其左方是法國教會。
左中上方是軍器廠、海軍船塢及白色的添馬軍艦。

1953年6月2日，英女皇加冕會景巡遊，正經過大佛口軒尼詩道。
左方的麗的呼聲電台於1960年代後期改建為熙信樓。

海旁東

1841 年，灣仔區的首次填海，是由原來之沿海小徑的皇后大道東，填築至海旁東，1930 年代，海旁東易名為莊士敦道及軒尼詩道。莊士敦 A.R. Johnston，是 1840 年代的英國駐華副貿易監督。

1871 年 8 月，香港碼頭貨倉公司成立，在海旁東近機利臣街處設有一座龐大的碼頭。可是，公司於 1873 年倒閉。俟後，這一帶有一佐治分域機器有限公司（分域街乃以其命名），於二十世紀初遷往七姊妹區。機利臣街於 1918 年發生一宗駭人聽聞的警匪大槍戰案。

在 1880 年代，這一帶亦有太古及旗昌等洋行的貨倉。接近灣仔道的海旁東，亦有襌臣洋行、省港澳輪船公司，以及曾富公司的煤倉，還有一間共和電船廠。

在與灣仔道的交界處，為落成於 1868 年的二號差館（警署），曾於 1911 年重建，1932 年遷往告士打道。舊二號差館曾被用作救世軍學校，於 1961 年改建為中匯大廈。

1930 年代，克街旁建成一廣生行化妝品廠的製造場。

1901 年，行政局議員遮打爵士提議由軍器廠街至東角的海旁東對開進行填海，並夷平醫院山及摩理臣山用作堆填物。

但鑒於灣仔人口不多，工程推遲到 1921 年才開展。由生利公司承辦只夷平摩理臣山的工程。填海範圍的小海灣，便是「灣仔」名稱的由來。

工程於 1930 年完成後，包括駱克道、謝斐道、第二代軍器廠街以至波斯富街，以及部分軒尼詩道，在新填地上築建。海旁馬路的地位，亦由莊士敦道及軒尼詩道，讓位予以 1929 年訪港的告羅士打公爵而命名的告士打道。

有機構在新填地上興建一千六百幢四層高的石屎（三合土）唐樓，不少中西區居民遷往此處。1950 年代初，當局要這些樓宇增設水廁。一座駱克道街市，於 1932 年 6 月 3 日落成啟用。

1933 年，第一代六國飯店（酒店）落成，稍後落成的有夏愨大樓及中國艦隊會所等。

和平後的 1949 年創刊之《香港時報》，位於六國飯店西鄰，飯店的東鄰則於
1951 年建成一金城戲院，曾兩度分別被改建為麗的呼聲大廈及富通大廈。

1949、1955 及 1957 年，杜老誌道碼頭、史劍域道碼頭及垃圾碼頭，依次在
告士打道建成，並開辦多條小輪航線，以及包括 8 號和 11 號等巴士路線。

1953 年 11 月 22 日，美國軍訊指導站在分域街對出的告士打道落成，內設餐
室、訊問處、休息室及找換處等，並設一座供美軍登陸之分域碼頭。這一帶旋
即成為歡場女子的活動地點。

早於 1940 年代後期，已有一間萬國殯儀館開設於分域街與駱克道交界，
1960 年代中重建為東城戲院。

1964 年，灣仔再次進行填海，由軍器廠街起沿告士打道延伸至吉列島（奇力
島）一帶，於 1969 年完成。新填地上曾舉辦過五屆工展會，紅磡海底隧道的
灣仔出入口亦在此落成，於 1972 年 8 月 2 日通車。多座官商辦公大樓、會
展中心等陸續在此興建，當中包括落成於 1985 年的演藝學院。

及告士打道

位於告士打道與軍器廠街之間塗有戰時迷彩的夏愨大樓（左），
與中國艦隊會所，1951 年。
兩者皆落成於 1930 年代後期，亦同於 1980 年代改建為夏愨大廈及美國萬通中心。

告士打道與夏愨道交界，約 1970 年。

左方為中國艦隊會所及警察總部，右方為添馬區。

約 1953 年的莊士敦道。

右方大王東街口和昌大押的一列樓宇現仍存在,

左方的唐樓於 1966 年重建成波士頓餐廳所在的修頓大廈。

由盧押道望莊士敦道，1948 年。
正值慶祝中國正副總統蔣介石及李宗仁的就職，巡行的花車在修頓球場旁出發。

位於海旁東（莊士敦道）的另一座歷史悠久，
亦被用作海員之家的建築物，約 1920 年。
左方是機利臣街，右鄰均益貨倉的背後，可見位於電氣街之發電廠的煙囪。

1986 年 10 月，將拆卸重建的六國飯店（酒店）。
左方為由麗的呼聲大廈改建的華比銀行大廈（現富通大廈）。
右方為由香港時報社改建的筆克大廈。

由大王東街西望海旁東，約 1915 年。
左方為和昌大押的屋宇，
在日本商行雲集的「小東京」區域內，
亦可見一座華人之出殯喪棚。

No. 203   Chinese Funeral i Hongkong

位於分域街與告士打道交界的美國軍訊指導站，約 1957 年。
內設一供美軍登陸的分域碼頭。左上方為當時仍在運作的海軍船塢。

駱克道與分域街交界，「蘇絲黃的世界」之酒吧區，約 1960 年。

位於莊士敦道起點處與軒尼詩道交界，興建於 1935 年的中華循道會禮拜堂，約 1958 年。
禮拜堂於 1990 年代初拆卸重建為新大廈。

約1961年，由莊士敦道東望灣仔道。
左方為普樂里口的國泰戲院。右方有包括梁財信及老大房等名店。

修頓球場

1932 年，曾有一間可容一千二百名觀眾，露天的樂園有聲電影場在新填地上的盧押道與莊士敦道間設立。

1933 年起，電影場附近亦包括柯布連道、軒尼詩道、告士打道、分域街及菲林明道一帶，被用作增闢的年宵市場。

在規劃這新填地段的發展時，輔政司蕭頓（修頓）提議在此建一運動場。由 1926 至 1936 年他任職期間，其夫人比娜女士亦熱心服務社會，獲頒 OBE 勳銜。

1930 年代，貝夫人健康院，在莊士敦道與柯布連道間落成。同時，氣派一流的英京酒家及東方戲院（兩者所在現為大有廣場）亦告落成。

日治時代，若干座防空室在修頓球場內興建。和平後在球場旁開設了一間廉價飯堂的經濟飯店。

1949 及 1951 年，雙喜及龍鳳茶樓在其旁的莊士敦道開張，後者於 1959 年易名為「龍門」。

1950 年，球場內的國殤大廈落成。

當時的修頓球場，日間為兒童遊樂場，夜間則為市民消閒場所的大笪地，小販、占卜星相、賣武及表演攤檔林立，而場外則為私娼充斥的「人肉市場」。這一帶被形容為「污煙瘴氣、品流複雜」。

1951 年，政府將其重整為正式的球場。

由柯布連道東望莊士敦道，約 1953 年。
左方為太原街口的雙喜茶樓，
其樓下的傑記冰室，約於 1965 年改為以海鮮馳譽的雙喜樓小館。
右方為修頓球場。

由利東街（喜帖街）東望莊士敦道，約 1955 年。
左方為柯布連道口的大成酒家，右方可見太原街口的雙喜茶樓。

由太原街東望莊士敦道，約 1955 年。

左中部最高的是英京酒家，

右方為於 1949 年開業的龍鳳大茶樓，於 1959 年改名為「龍門」。

電車後為由二號警署改變而成的救世軍學校，於 1961 年改建成中匯大廈。

約 1873 年的灣仔海旁東。

正中最長的是位於機利臣街口之香港碼頭貨倉公司的碼頭。

其右方四座金字屋頂的是海軍食堂。

General View — Hongkong, China

由謝斐道望柯布連道，約 1953 年。
殯喪行列正前往告士打道，將棺木經船隻運往九龍。
路旁的大牌檔一直經營至 1980 年代。

由告士打道望菲林明道，1959 年。
廣記電池旁為謝斐道。
兩枝騎樓柱樓上是金鳳池舞廳，
這組唐樓約於 1980 年被改建成東惠商業大廈。

遭 1906 年 9 月 18 日猛烈颶風吹襲後的灣仔海旁東，
由灣仔道二號警署一帶向西望。
前方碼頭的一帶於 1921 年填海工程完成後開闢為軒尼詩道及菲林明道。

Damaged Boat of typhoon of the 13th of September 1906 of

由駱克道望盧押道，約 1981 年。正中可見和昌大押。

右方熙華大廈旁的馬路上，仍可見多座以炒賣小菜馳名的大牌檔。

(何其銳先生提供)

1953 年 6 月 2 日，女皇加冕會景巡遊中的軒尼詩道。

左方可見祥利餅家及以太爺雞馳名的頤園酒家，中上方為史劍域道口的灣仔茶樓。

右下方為與莊士敦道交界的德士古油站。

史釗域道東望駱克道,約 1955 年。
兩旁全為建成於 1930 年的石屎樓宇,
正中可見位於馬師道交界國民戲院的招牌。

由駱克道望史釗域道的大牌檔，約 1955 年。
右方的灣仔茶樓於 1960 年代中改建為光華大廈。

菲林明道與史劍域道間的一段謝斐道，約 1973 年。
這一帶的樓宇於 1950 年代被稱為「綠窗戶」的私娼區。

謝斐道上的婦女，
可見裝有名為「趟攏」的閘門、被用作住宅的地舖，約 1960 年。

QUEEN'S ROAD EAST
HONGKONG.

皇后大道東，由聯發街向西望，約 1925 年。

右方可見位於 112 號的寰球園西菜館，其前方有一「劉元大姑接生」的招牌。

寰球園約於 1960 年因樓宇重建而結業。

約 1953 年的皇后大道東。

伍洲鞋廠的左方是船街，潘人和酒莊的右方是洪聖古廟。

左邊是祿元居茶樓及群英園酒家，永樂理髮室的左方是大王西街。

春園、石水渠

早期的灣仔，除下環外，又被稱為「春園」。

所謂春園，Spring Garden 的 Spring，其實是指沿石水渠（街）流至此的泉水。港督府於 1855 年落成之前，港督的臨時居所，亦位於春園附近。

香港於 1841 年開埠時，第一批樓宇是興建於春園附近，阿賓彌街（Albany Street），為林賽洋街（Lindsay and Co.）的貨倉群。而香港於 1841 年 6 月 14 日，舉行首次拍賣而賣出的土地，是由中環街市以東迄至阿賓彌街為止。阿賓彌街於 1909 年易名為「太原街」。

1863 年，麥加力歌公司的貨倉及碼頭在附近落成，還有一製造小炮艇的 Inglis 船廠。

十九世紀末，春園區一帶之外商及軍方的設施他遷後，這一帶漸變為華人居所及西洋和東洋（日本）風月區。二十世紀初，有不少中日食肆開設於春園街及被稱為「灣仔為食街」的交加街。

1916 年，已有一東園影畫場，在鳳凰台前的皇后大道東，又名為「香港影畫戲院」。

1932 年，當局飭令位於春園里（街）、汕頭街及三板街被稱為「大冧巴」的西洋和日本娼院，限於同年 6 月底後停業，不少「無地自容」的娼妓，在修頓球場附近一帶活動。

位於影畫戲院的東鄰，有一條內有濟公及綏靖伯廟的迪龍里，里口的皇后大道東，有一開業於 1880 年的林宏隆玻璃廠。迪龍里的東鄰為落成於 1847 年的三號警署，以及 1915 年開辦的灣仔郵政局。

1958 年，影畫戲院被改建為香港大舞台，但於 1970 年代中再度拆卸，連同附近的樓宇，建成合和中心。其對面有一條早期為洋服、雜物店及食店群集的利東街，由 1970 年代起，逐漸演變為「喜帖街」。

1990 年代，迪龍里、舊三號警署，連同附近的樓宇被拆卸，以興建胡忠大廈，郵政局則被改為環保軒。

位於石水渠街，迄至 1950 年代仍為明渠的石水渠，於 1850 年代，已為地標式的景點。石水渠街位於皇后大道東與莊士敦道間的一段，早期名為「清溪里」。

1862 年，當局拍賣石水渠街以東的土地，不少為華人所購，用作興建唐樓及廠房，並有一位於隆安街、落成於 1865 年的玉虛宮（北帝廟）。

1867 年，有一間位於石水渠街旁、石溪里前的華陀殿，曾於 1870 年代要求與東華醫院合併不果，但迄至 1903 年，華陀殿為一贈醫的慈善機構。

1910 年 10 月 8 日，東約公立醫局在石水渠街落成，於 1929 年在旁增設一接生房。而鄰近亦有一落成於 1915 年的四環更練館。「四環更練」是由華民政務司管轄的警察。更練館及醫局所在，現時為聖雅各福群會。

石水渠的下端，於 1850 年代初開闢了曲尺形的灣仔道。1858 年，灣仔街市於其旁的皇后大道東落成（所在現為尚翹峰）。位於其東鄰，醫院山腳的新街市，於 1937 年落成。

二十世紀初，灣仔道已有不少食肆和食檔。1910 年代，有一間有三百多名工人的馬玉山糖果製造廠位於灣仔道約 90 號。早於 1909 年，灣仔道已有一間官立華英學堂。

灣仔道接近天樂里的一段，早期名為「觀察角」，有不少怡和洋行的屋宇。這一帶於五六十年代有一香港殯儀館。其對面有一日本人於 1910 年代開設的馬島醫院，和平後被改建為景星大廈。

及洪聖古廟

位於皇后大道東，原為瀕海的洪聖古廟，是落成於香港開埠前，又被稱為「石廟」。

古廟的前方，有一條以禮和洋行（Lyall Still and Co.）而命名的 Lyall Street。該洋行於 1873 年倒閉後，街名改為大王東街。廟的另一端還有大王西街，以及早期名為洋船街的船街。

位於洪聖古廟西鄰，介乎皇后大道東與船街交界，有一間供應麵包予包括港督府在內港島大部分地區的裕昇店。1857 年 1 月 15 日，包括港督夫人在內，多人在進食該店的麵包後中毒，成為震驚中外的毒麵包案。

十九世紀，這一帶設有糖廠、染房及造船所。1916 年，一條士官那街（捷船街）在船街旁闢成。早於 1909 年，東華醫院在廈門里（街）口，開立一文武廟義學，其旁亦有明仁里和汕頭里（街），以及適安台（街）。

1905 年，東華醫院已設一分局於皇后大道東 205 號。1910 年，有灣仔坊眾在該區藉演粵劇籌款，以建一方便醫院。

1921 年 7 月，政府批准開辦一中醫局的下環集善醫局，籌辦處設於皇后大道東 98 號。

集善醫局於 1924 年改名為「東華東院」。稍後獲政府撥地在東院道建成新院，於 1929 年 10 月落成開始服務。

洪聖古廟的正座，曾於 1909 年倒塌。1922 年，東華醫院同意接收此古廟。

1924 年，太和酒家及祿元居茶樓在洪聖廟對面開業，後者以多姿多采的星期美點而馳名。

SHOP OF THE CHINESE BAKER, ESING (ALUM), AT VICTORIA, HONG-KONG.

裕昇店 1857 年。

灣仔三板街的日本及西洋娼院區，由春園街東望，約 1920 年。
每戶皆設斗大的門牌號碼以招徠尋芳客，
故有「大冧巴 Number」的別名。

128   Sampan Street Hongkong, (Spring Garden).

接近莊士敦道的春園街「大冧巴」西洋娼院，約 1925 年。
右方可見交加街旁的食檔。

皇后大道東，由麥加力歌街向西望，約 1953 年。

左方可見香港大戲院，右方可見冠海茶樓，兩者的前方為春園街。

正中部分有廣州騎樓的唐樓現已被保留。

戲院及其右鄰的樓宇於 1970 年代後期，改建成合和中心。

而左邊有壽衣店的一列樓宇現時為胡忠大廈。

(佟寶銘先生提供)

約 1930 年填海完成後的灣仔新填地區。

前中部是舊灣仔街市，部分四層高唐樓正興建中，右方兩棵樹間的一座，其右旁稍後開闢史釗域道。

1945年10月，剛和平後的灣仔區。

前中部可見聖佛蘭士街及機利臣街，右中部可見荒涼的修頓球場。

灣仔區，由寶雲道向東望，約 1948 年。
仍然「在水中央」的吉列島於 1960 年代中填海後已與陸地相連。

裕昇店位置

由接近莊士敦道的一端望洋船街（船街），約 1925 年。
正中可見開業於 1924 年的祿元居（又名為「祿元」）茶樓，
其右方的兩層高舊建築物，曾為發生於 1857 年毒麵包案的裕昇店。

約 1915 年的洪聖古廟。左方的唐樓約於 1950 年開設有「潘人和酒莊」。

Chinese Temple Queen's road East

自莊士敦道望廈門街，1927 年。正中有位於 31 號德記建築的招牌。
右下方有香港大戲院上映西片《探星燈》之廣告。

約1948年的東區，由寶雲道東望。
左下方可見位於交加里的煤氣鼓，正中為再平整的摩理臣山，
其左方的高樓為英美煙草公司，於1977年改建成伊利沙伯大廈。
右中部為尚未填海的銅鑼灣避風塘。

摩理臣山

灣仔峽道，又名為「峽道」或「唅道」（Gap Road），是一條由半山直落至皇后大道東，而伸延至跑馬地的道路。由太原街至摩理臣山道的一段，被稱為「掘斷龍」。

掘斷龍旁有灣仔街市、醫院山及摩理臣山，另一端則有開通於 1876 年的堅尼地道。

1843 年 11 月 1 日，馬禮遜教育機構，在摩理臣山上創校，曾於 1849 年停課，最後於 1867 年結束。名稱來源的 J. R. Morrison，於 1849 年 8 月 29 日逝世。

由怡和洋行於 1843 年在西營盤創建的海員醫院，於 1848 年遷至西鄰的醫院山。海員醫院於 1873 年結束，稍後改作海軍醫院。

1902 年 5 月 21 日，摩理臣山旁的印度廟落成，曾於淪陷期間兩度被炸毀，1947 年重建。1908 年，印度廟旁密林之多棵樹木，被颶風吹倒。1910 年代，當局在此開築經黃泥涌峽而前往大浪灣（淺水灣）的司徒拔道、黃泥涌峽道及淺水灣道，於 1921 年落成通車。

1921 年起，大部分摩理臣山被夷平，以堆填灣仔填海。

1937 年，理工大學前身的高級工業學校在活道成立。1940 年 2 月，第三屆國貨展覽會（工展會），在峽道與摩理臣山道交界的空地上（現伊利沙伯體育館所在）舉行。同時，有一漢文小學位於印度廟東鄰。

1948 年，港府批准富商律敦治，將已停業的海軍醫院改作防癆醫院，於 1949 年開幕，現時為律敦治醫院。

1949 年 4 月 29 日，名為「掘斷龍」的灣仔峽道，被併入皇后大道東。

1958 年，再度夷平摩理臣山餘下部分。在平整的地盤上，於 1969 年建成鄧肇堅醫院。

石水渠街西望峽道（皇后大道東），約 1900 年。
右方為灣仔道口，落成於 1858 年的第一代灣仔街市。
正中的樹叢間仍未有現為環保軒的郵政分局。

nchai Market. Hongkong.

由寶雲道望灣仔「掘斷龍」（峽道）一帶，約 1900 年。

右中部為醫院山，前中部為灣仔街市、石水渠街及玉虛宮。

右中部可見位於交加里的煤氣鼓，

其右上方為巴路士街與克街之間的船廠和貨倉。

落成於 1937 年的第二代灣仔街市，攝於 1986 年。

（陳創楚先生提供）

由石溪里望石水渠街的舊唐樓，1986 年。

部分樓宇約於 1990 年被髹上藍色，因而被稱為「藍屋」。

（陳創楚先生提供）

由東約醫局及更練館一帶（現聖雅各福群會所在）望石水渠，1954 年。
不少衣服架搭於渠上晾曬。

位於「掘斷龍」（峽道），與堅尼地道間的英國循道教堂，約 1933 年。

Indian Temple:
Hongkong.

位於峽道（皇后大道東），落成於 1902 年的第一代印度（錫克）廟，約 1913 年。
右方的樹林地帶於 1921 年闢築成司徒拔道。

馬場及銅鑼灣，約1965年。
正中為聖保祿小學。禮頓山上左方一座公務員宿舍背後可見維多利亞公園。

跑馬地

1840 年代初，包括禮頓洋行等多間洋商機構，在黃泥涌區興建，當局亦曾打算在此闢建市中心，但由於當時的黃泥涌村及黃泥涌谷，皆為耕地，衛生條件不佳。加上熱症肆虐及華人認為該區「風水」不佳，市中心最後設於中區。

1845 年，環繞由黃泥涌谷易名之快活谷的馬車路（黃泥涌道）築成，旁邊亦闢成由杉排遷至的墳場。同時當局亦着手改善這一帶的排水系統，包括築建運河等。

1840 年代中，開始在快活谷舉辦每年一度、每次為兩至三天的賽馬，賽期為歲首的 2 月。

1884 年，賽馬會成立。

二十世紀初，不少書院和學校在賽馬場舉行運動會。

1918 年，馬場發生大火，死去 604 人。

二十世紀初，有一提供馬車服務的忠驥馬房，在黃泥涌原為山東牛房的地段開業。

1903 年起，這一帶開有包括怡園、愉園及樟園的遊樂場。佔地四萬多呎的愉園，前身為屋苑的萃馨園及客家村。

1910 年 6 月 25 日起，愉園開辦由鵝頸橋載客往來遊樂場的自由電機車（巴士），收費一毫，是港島最早的巴士服務。當時亦有由堅尼地城至愉園的電車，1920 年代電車公司亦經營由西區至跑馬地的巴士。

1922 年，愉園停業，場地被改作香江養和園（養和醫院），於 4 月 1 日開業。1930 年代初改建，新院於 1932 年 5 月 18 日落成。

其旁的黃泥涌村，開闢於十八世紀，有村屋二百多間，居民千餘。1920 年代，不少富人在附近挖泥興建住宅，一遇大雨便形成淤塞水浸，村民要覓路逃生。1923 年，有村屋二十四間被雨水沖塌。

1925 年，嶺南大學設分校於旁邊的鳳輝台。

1930 年，政府清拆黃泥涌村，地段範圍後來築建山村道、山光道及迄至新馬房（現賽馬會會所）兩旁的多條新街道。不少高尚住宅在此興建，而落成於 1931 年的新馬房，是用作取代於 1880 年代開設於高士威道與銅鑼灣道之間的堅尼地馬房者。

淪陷期間，跑馬地及馬場被易名為「青葉區」及「青葉峽」，當時「馬仍照跑」。稍後，由於缺乏馬匹及飼料，曾於 1945 年初舉辦「跑木馬」的鬧劇。

和平後的 1946 年 3 月，陸軍部復辦賽馬。1947 年 10 月起，才再由馬會舉辦。

禮頓山上原建有私人樓宇，淪陷時為日人佔據，改為「妙法寺」。和平後曾遭盜拆，1949 年政府在此興建公務員宿舍。

位於「三 C 會」對開之三角坪地，有一被稱為「蘭亭」的電車員工交更亭，導致該一帶禮頓道的地段，亦被稱為「蘭亭」。

1955 年，馬會看台新廈改建落成。

為改善黃泥涌區的惡劣衛生環境，當局於 1850 年代在天樂里至堅拿道範圍，進行填海及闢建一條排放積水的運河（Canal，堅拿道一名的起源）。運河早期名為寶靈頓運河、寶靈渠或鵝澗，在其出海處的前端（現軒尼詩道所在），有一條建成於 1861 年，俗稱「鵝頸橋」的寶靈橋。運河的西端早期名為「寶靈城」的地段，有一寶靈頓道。

1880 年，鵝頸橋被雨水沖斷，當局曾予以重修。

1882 年，有一間由黎玉臣為總司理、獲港督軒尼詩批地而創設的利遠糖局，在運河旁落成。鄰近亦有怡和轄下之中華糖局的寶靈頓分廠。直到 1926 年，鵝頸一帶仍有若干間機器製冰廠，最早一間為 1883 年創立的維多利亞雪廠公司。

1880 年代，連卡佛公司亦在此設麵包房（廠），該公司的麵包製作一直至 1950 年代。

及鵝頸區

二十世紀初，這裏有一鵝頸橋碼頭，不少人在此乘船往九龍各處游泳，其旁為敬記船廠。

1911 年，英皇喬治五世加冕會景巡遊，是由鵝頸橋「起馬」（出發），經摩理臣山道、灣仔道而至中環者。

1907 年，已有南洋兄弟煙草公司，位於堅拿道西現南洋酒店一帶，有男女工人千多名。

東區填海於 1930 年代完成後，鵝頸橋被建成軒尼詩道的一部分。在其東面，於 1940 年代建成現時仍運作的消防局。

早期集中於上環太平山街一帶的驚蟄「打小人」活動，於 1960 年代移師至尚為明渠的寶靈運河兩端。1970 年代則捨棄禮頓道而集中於軒尼詩道一帶，成為舉世知名的「聖地」了。運河的明渠為配合紅隧，於 1960 年代後期被蓋平，闢築成堅拿道及天橋。

附近若干條馬路是以 1870 至 1880 年代的港府高官命名，軒尼詩是港督、馬師（紅磡的「孖庶」是同一人）是輔政司，駱克與杜老誌皆曾任署理華民政務司，而後者 Tonnochy 早期的中譯為「湯隆基」。羅素街的 J. Russell 則為 1880 年代的定例局（立法會）議員。

轉入跑馬地的電車，最先是經天樂里，稍後為堅拿道東。1951 年 2 月，改經波斯富街。

賽事正進行中，約 1968 年的馬場。左方為山村道。

115　　　Chinese Tea House Happyvally

跑馬地愉園遊樂場的茶座和動物場，約 1915 年。

kong.

馬場和哥爾夫球場，及第一代馬會看台，約 1900 年。

約 1954 年的馬會，可見落成於 1930 年的第二代看台，
左方為 1950 年代裝設的電算機。
看台於 1955 年拆卸重建，同年落成。

馬場及銅鑼灣，約 1915 年。

中右方為聖保祿小學。

禮頓山與渣甸山（利園山）之間可見銅鑼灣避風塘。

192   Race Course, Hongkong.

The Race Course of Hongkong.

約 1905 年的黃泥涌村（現山光道及景光街、奕蔭街一帶）及馬場。
正中可見摩理臣山及山頂的馬禮遜教育機構，
右方為運河所在的鵝頸區。

約 1931 年的跑馬地。
前方已被夷平黃泥涌村的空地上，正陸續興建新樓，
前中部為山村道，其左方為鳳輝台。

由禮頓道「蘭亭」電車站望黃泥涌道，約 1915 年。
當時電車仍未由此進入跑馬地，故未見路軌。

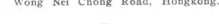
182   Wong Nei Chong Road, Hongkong.

何東爵士的東蓮覺院，在原黃泥涌村地段，1935 年建成。約攝於 1960 年。
山光道右上端的馬房現時為馬會會所所在。

由堅拿道西望禮頓道及摩理臣山道，1958 年。
愛蓮餐室的招牌下為馬禮遜紀念碑。
（照片由圖中的梁紹桔先生提供）

由黃泥涌道望成和道，約 1962 年。

左方可見一景生酒家，正中多個大牌檔所在現時為街市大樓。

約 1900 年的寶靈頓運河（現堅拿道），由禮頓道北望。

正中的寶靈橋現為軒尼詩道。

左方為堅拿道西，右方可見位於堅拿道東，中華糖局分廠的煙囪。

Bowrington Canal

約 1968 年，由堅拿道東望羅素街。
正中可見波斯富街的麗園大廈。
右方的電車廠於 1990 年代初改建成時代廣場。

由波斯富街西望羅素街電車廠，約 1975 年。
背景為堅拿道西的樓宇。

由堅拿道西望鵝頸橋上的電車。約 1920 年。
前方亦可見來往電車廠及跑馬地的電車路軌。

由邊寧頓街東望怡和街電車迴旋處，約1912年。

右方為候車亭，單層電車的右前部為頭等，左方為三等。

渣甸山

位於鵝頸區東鄰，土名為「鵝頭山」的渣甸山，於開埠初期為怡和洋行所有，山上有該公司的「大班」及「二班」樓，並有一渣甸花園。山下的禮頓道有一間落成於 1853 年的一號警署。

附近為職員宿舍（現禮頓中心）及勿地臣墟（現勿地臣街一帶）。警署東鄰的渣甸網球場於 1930 年代初改建為保良局，於 1931 年 3 月 23 日奠基。

1923 年，富商利希慎以四百五十萬元購入渣甸山，並易名為「利園山」，一年後改作山上有戲院的遊樂場。1925 年，利舞臺戲院在波斯富街落成。

1951 年，為配合銅鑼灣闢建維多利亞公園的填海，利園山開始被夷平。工程完成後，包括恩平道、啟超道、蘭芳道等多條新街道在此開闢。

1841 年剛開埠時，怡和洋行在銅鑼灣東角興建一批包括貨倉的樓宇，稍後亦有糖廠。

1850 年代，東角已有一渣甸墟 Jardine's Bazaar，附近於 1870 年代已有渣甸街。

1850 年代，不少中區的銀行及洋行大班，乘坐有六、七人搖櫓的私家船艇，前往東角探訪怡和的大班。稍後，亦有大班乘馬車至此，或往大坑區的馬球場打馬球。馬球會 Polo Club 於 1880 年 4 月成立。渣甸山與東角之間，曾設有一名為「銅鑼飛棧」的吊車，方便大班往來。

1866 年，香港鑄幣廠在東角現加寧街及京士頓街交界落成，惟於 1868 年倒閉，廠房售予怡和亦用作糖廠。該公司的中華糖局（廠）亦經營釀酒業。

1922 年，渣甸街上有燈籠洲街市、米舖、燒臘店及一間南華酒樓。

1939 年，東區遊樂場在怡和街部分渣甸倉地段上開業。1951 年結束後，改建為豪華戲院大廈，以及一列樓下有鳳城酒家的唐樓（現富豪酒店所在）。

始於 1840 年代的怡和午炮，每日正午十二時鳴炮一響報時。於淪陷時期停頓，和平後的 1947 年復響。

1947 年，渣甸墟內，有二十一間經營杉木、銅鐵及雜物的瓦面平房。於 1950 年被闢為渣甸坊。

東區遊樂場對面的怡和洋行木廠，於 1949 年改建成樂聲戲院。1952 年，京華戲院在渣甸街落成開業。

同年，位於波斯富街、軒尼詩道，迄至後來為延長之告士打道的海濱，部分的渣甸東角貨倉出售，以興建唐樓、紐約戲院，及延長駱克道和謝斐道。

1950 年代，東角地段中亦有卜內門公司（Bruimer Mond & Co. (China) Ltd）貨倉，及牛奶公司的產奶場及冰廠。

1957 年，東角渣甸倉群再度清拆，最先拆卸煤倉改建成銅鑼灣大廈及唐寧大廈，以及開闢百德新街和京士頓街。1960 年，日資的大丸百貨在百德大廈開業。

其餘貨倉於 1960 至 1970 年代陸續拆卸，除住宅樓宇外，亦興建怡東酒店及世界貿易中心。

位於附近怡和街的「幫辦樓」，於 1965 年改建成香港大廈。

牛奶公司的產奶場及冰廠，則由 1960 年代後期起，陸續改建為珠城大廈、恒隆中心及皇室大廈。

至於由 1952 年起依次落成的唐樓及紐約戲院，則於 1980 年代再改建為崇光百貨及銅鑼灣廣場一期等多座樓宇。

及東角

由波斯富街東望軒尼詩道，約 1957 年。

右方的唐樓稍後拆卸以興建中國國貨公司所在的軒尼詩大廈。

左方為 1952 年拆卸渣甸東倉所建的唐樓。

正中的矮屋為幫辦樓，於 1965 年改建成香港大廈，

而背後的牛奶公司冰廠於 1970 年代初改建為恒隆中心及皇室大廈。

由渣甸街望軒尼詩道，1959 年。
右方原渣甸東倉改建的唐樓群之舖位中，
有金馬車飯店、寶芳鞋王及得光眼鏡等名店，左方為紐約戲院。

由渣甸街望軒尼詩道，約 1975 年。
右方一列包括香港百貨公司的店舖，於 1980 年代改建為崇光。

由利園酒店旁望恩平道，1973 年。

右方為嶺英中學，所在現為嘉蘭中心。

（麥勵濃先生提供）

位於記利佐治街的大丸百貨公司，1974年。

由禮頓道望波斯富街，約 1955 年。

可見一前往黃泥涌墳場的送殯行列。左方最高的是剛落成的紐約戲院。

禮頓道面向渣甸山（利園山）於 1853 年落成運作的一號警署。

1948 年為電話公司購得，現時為電訊盈科大廈。此圖約攝於 1915 年。

波斯富街與勿地臣街交界的利舞台戲院，約 1989 年。

（何其銳先生提供）

約 1928 年的利園山，這批山上的老榕樹於 1951 年因夷山而消失。

落成不久的保良局，約攝於 1935 年。這一帶原為渣甸網球場。

落成於 1972 年的利園酒店，位於希慎道與恩平道交界。
此圖約攝於 1980 年。

落成於 1931 年，
位於禮頓道與開平道交界的善樂施 Zoroastrian 大廈，約 1989 年。
稍後重建為新型的大廈。

加路連山道接近連道的出殯行列，1954 年。
右方為大東電報局康樂會，其背後最高的是剛落成的豪華戲院大廈。

1935 年 5 月，

英皇喬治五世銀禧出會巡遊隊伍，途經接近寶靈頓道的軒尼詩道。

左方為鵝頸橋的堅拿道。

1938 年的銅鑼灣渣甸街。

廣興昌白米是位於 51 號，而其左方是掃桿埔街市。

China-Hong Kong-Market

銅鑼灣的渣甸墟內，經營杉木、銅鐵業務的瓦面平房屋宇，約 1925 年，
背景為利園山。這地段於 1950 年闢為渣甸坊。

1954年，由東區遊樂場改建，
剛落成位於怡和街與邊寧頓街交界的豪華戲院，
左方的大廈上有一豪華酒樓。

約 1921 年的銅鑼灣電車迴旋處及候車亭。

左方可見一木篷雙層電車，右方為高士威道。

怡和街的電車迴旋處，約 1915 年。

位於禮頓道的屋宇為聖保祿機構的：育嬰堂、大學院和法（國）醫院。

建築物的背後為筲箕灣道，於 1930 年代易名為銅鑼灣道。

介乎史釗域道及杜老誌道兩座碼頭之間的一段告士打道，約 1958 年。

銅鑼灣東角告士打道怡和午炮鳴放處，約 1970 年。

77. RICKSHAW, HONG KONG

由波斯富街西望告士打道，約 1953 年。

左方的英美煙草公司於 1977 年改建為伊利沙伯大廈，其右方為堅拿道。

由高士威道現中央圖書館與皇仁書院間望大坑區及山上的虎豹別墅，
攝於剛和平後的1945年10月。
前方曾為馬球場的草地背後為銅鑼灣道的大坑區。

銅鑼灣、大坑

由東角迄至高士威道尾端的區域為銅鑼灣，其名稱是源於地處大坑村前的一個銅鑼形海灣。1850 年代，當局在海灣的正中，築一堤道 Causeway，以便行人往來。

1880 年代，當局將堤道至大坑村的一半海灣填平，堤道築成高士威道，而大坑村前的新道路為筲箕灣道，1930 年代改名為「銅鑼灣道」。填海完成後，一座堅尼地馬房在銅鑼灣道與高士威道間落成，後來為馬會購入，一直運作至 1931 年山光道馬房落成為止。十九世紀後期，馬球場在堅尼地馬房東鄰落成。港督彌敦及 1922 年訪港的英皇儲，曾在此打馬球。馬會不時在此表演馬術，學界亦會在馬球場舉行運動會。

1883 年，港府在高士威道對開之一半銅鑼形海灣，闢建香港首座避風塘。

1908 年，有一女子職業中學，位於馬球場旁的大坑村，附近有若干間釀酒房。到了 1925 年，大坑村亦有一佛教女子職業學校。

直到 1906 年，大坑區有一銅鑼灣紡紗公司，後來易名為「渣甸紡紗局」。稍後，紡紗局遷往上海，原址改建為聖保祿教會醫院和學校。

教會的上端，有一庇理羅士養正院（教習所），後來改作收養保良局習藝婦女的保良安善所。到了 1936 年，再改為收容無家可歸兒童及罪犯的兒童羈留所。

1911 年，附近亦有一晏氏羈留院，當中有一聖馬利亞小教堂。後來改建為可容八百會眾之教堂，於 1949 年行獻堂禮。

1909 年，報章上有大坑鄉民於中秋節舞火龍的新聞。

1924 年，已有工人在大坑村被稱為「洗衣塘」的水窪洗衣服，其對下處有一中間為明渠的浣紗街。當時，聖保祿醫院前的銅鑼灣道亦有明渠，於 1954 年才蓋平。聖保祿醫院前一直伸延至掃桿埔的明渠，早期曾一度被視為維多利亞城的東端界線。

1927 年，益群公司獲政府以每呎十五仙的價格，批出益群道的土地，以興建多座兩層高的海景樓宇。

1930 年，大坑村內各牛房，發生牛瘟症。

1936 年，虎豹別墅落成，稍後成為熱門的旅遊景點。

1940 年，當局供貧民在大坑道渣甸坳，原為渣甸望台（Jardine's Lookout）的渣甸山上蓋搭寮屋，有二千多人入住。1948 年，政府批出這一帶地段供建高尚住宅。

和平後的 1949 年，高士威道的電車路，仍為單軌。於同年將路面擴闊十多呎，改為可行對頭車的雙軌。

1950 年 9 月，高士威道旁的皇仁書院新校舍落成啟用。

1951 年中，闢建維多利亞公園，填平避風塘的工程開展。同時，亦着手夷平利園山及開掘天后廟山，用山泥作堆填物。當局又在填海地段對開處興建新避風塘。

落成後之新避風塘內泊有船艇二千多艘，內有三十多艘飲食艇，為夏夜的最佳消閒處。

1953 年，在掃桿埔興建政府大球場，東華醫院的厝房及永別亭亦他遷，大球場於 1954 年落成。

1950 年代中，大坑區旁的山段有蓮花宮山、馬山及天后廟山等，皆滿佈木寮屋。原亦為寮屋區渣甸望台的渣甸山，卻於 1956 年發展成高尚住宅區。包括白建時道等多條新街道築成，兩旁建有多座住宅別墅。

1955 年 8 月 17 日，原置於皇后像廣場的維多利亞女皇銅像，移置於初步落成的維多利亞公園，公園於兩年後才正式落成，泳池亦同時開放。

1960 年，年宵市場開始在維園內舉辦。

及天后

建成於開埠前的天后廟，又名紅香爐或銅香爐，令致早期之銅鑼灣區亦有紅香爐等的名稱。1870 至 1880 年代，每年的天后誕，報載有大批善信往紅香爐天后廟行香頂禮，形成車水馬龍，人山人海。位於鄰近的馮仙姑廟亦香火鼎盛。

1871 年，位於天后區威菲路道，被稱為「七姊妹捕房」的威菲路警署落成，負責由東角至筲箕灣區的治安。

1903 年，政府公告內，有「維多利亞城第十約」，以及「五環」的名稱，是指天后至筲箕灣一帶。

1904 年通車的電車，由銅鑼灣高士威道起，經筲箕灣道（後來的電氣道及英皇道），至筲箕灣的一段，是單軌者。當中有部分為雙軌，以方便迎頭車相避者。

同時，由天后起的七姊妹區，進行填海。

1911 年屈臣氏藥房之荷蘭水（汽水廠），由德輔道中遷往天后新填地上之新廠（現港景大廈所在）。

1918 年，廣生行亦在此擁有化妝品廠、樽廠及出租的地段。

1923 年，黎民偉在天后廟的右方，創辦一間民新製造影畫片有限公司，並在銀幕街一帶設片場，首部拍攝的電影《胭脂》，於 1925 年上映。1932 年，亦有一聯華影片場位於七姊妹道。

1935 年，當局夷平天后區的若干座山崗，連同部分筲箕灣道以闢建英皇道，並鋪設電車雙軌。工程於 1936 年完成後，電車不再經電氣道而改行英皇道。

1950 年，當局將天后區對上的天后山、芽菜坑、中山坑、炮台山以至名園山的木寮屋居民，遷徙往柴灣。1957 年，開始在這一帶興築天后廟道。

1953 年 6 月，英女皇加冕巡遊之金龍，在天后廟行點睛儀式。

1957 至 1959 年，港島的年宵市場攤位，是設於天后區的興發街、威菲路道、琉璃街、永興街及清風街，1960 年才改設於維園內。

以天后區為起點的東區走廊，於 1984 年通車，1985 年伸延至筲箕灣。

由中央圖書館西望高士威道及怡和街，約 1950 年。
電車及候車亭背後是東區遊樂場。

約 1930 年的銅鑼灣避風塘，
由中間至左方的地段是由現銀幕街至威菲路道一帶的天后區。

同一地點，約 1950 年。中間部分仍未有皇仁書院。

ON SHELTER 48
WAY BAY HONGKONG

TYPHOON SHELTER. H.K   344

高士威道及怡和街，約 1962 年。
遊樂場已改建為唐樓及豪華戲院和大廈。右方為樂聲戲院。

由現時皇仁書院一帶西望高士威道，約 1915 年。

左方的糖廠及貨倉區現為皇室大廈及柏寧酒店所在的告士打道。

中間可見曾為鑄幣廠及糖廠的屋宇。

Causewaybay, Hongkong.

約 1936 年的高士威道，由現中央圖書館前向東望。
正中的樹後為天后區的敬記船廠，
其左方亦有包括廣生行及安樂園等在內的多間工廠。

1906 年 9 月 18 日的猛烈颶風後的七姊妹筲箕灣道（電氣道），
電車的位置約為現時的木星街一帶。

1953 年 6 月，英女皇加冕會景巡遊的金龍，
在銅鑼灣天后廟舉行點睛儀式。

（吳貴龍先生提供）

銅鑼灣避風塘、天后和北角區，約 1966 年。
右方北角半山的雲景道上已建成數座住宅大廈，
正中仍見電氣道上的發電廠（有煙囱者），所在現為城市花園屋苑。

約1970年北角寶馬山及名園山上的賽西湖水塘，所在現為賽西湖大廈及公園。
左中部是雲景道的峰景大廈，左上方是觀塘區。

七姊妹

由天后區起伸延至部分鰂魚涌的地段，早期的名稱為七姊妹。又因此地段形如港島北面突出的岬角，又被稱為「北角」。由於這區有一名園遊樂場，北角又名為「名園」。位於遊樂場西邊，現明園西街對上的山段，亦被稱為「名園山」。

直到 1950 年代初，電車的路線牌，才由「名園」改為「北角」。

開埠初期，七姊妹區有十多條客家村，居民多以打石謀生。「七姊妹」的名稱源於對開海面有一凸起、形似七個婦女聚在一起的大石。又似七名男子在猜枚，故 1870 年代報章上有「七子梅」及「七子枚」的名稱。這大石於 1930 年代因填海闢築英皇道而被掩沒。

約 1905 年，有一「七姊妹庇利妙（Bay View）酒店」，位於筲箕灣道（電氣道）。而其前的海灘，約於 1911 年，設有中華遊樂會的泳棚。

1918 年 6 月 17 日，設有花園酒店的名園遊樂場開業，場址為現明園西街及糖水道交界的地段，1923 年起，曾開辦自該遊樂場往石塘咀風月區的十四座位巴士服務。1922 年 10 月，在遊樂場附近曾發生持槍匪徒截刧電車乘客的事件。稍後，亦有由電車公司經辦由上環前往名園的巴士。

1922 年，香港電燈公司的發電廠，由杉排的電氣街遷至七姊妹的筲箕灣道（電氣道），所在現為城市花園屋苑。

在戰前，已有一座太古洋行轄下的名園山小西湖蓄水池（賽西湖水塘）。於 1970 年代改建為賽西湖公園及賽西湖大廈。

1930 年代，七姊妹區泳灘設有泳棚的會所包括南華會、華人會、中華會、銀行公會、華人銀行會等，以及永安及大新等公司。1940 年，政府曾計劃收回此等泳灘進行填海，以開闢工業區，但於和平後才實行。

1936 年英皇道闢築完成後，在旁興建的第一座樓房是譚公和機器焗爐廠，同期落成最偉大的建築物，是位於糖水道與書局街之間的商務印書館，所在現為新光戲院及僑冠等大廈，以及部分馬寶道。商務背後有一位於糖水道的香港製釘廠，1960 年改為天天日報社。

1940 年 8 月 20 日，七姊妹英皇道麗池游泳場開幕，設有餐廳及舞場。日治時代，易名為「豐國海水浴場」，而英皇道亦被易名為「豐國通」。

和平後，麗池加設夜總會，並舉辦賽龍活動及香港小姐選舉。

1948 年，由麗池至發電廠的北角填海開始進行，新填地上的和富道旁，有一落成於 1949 年的聯益貨倉（North Point Wharf）及大洋船碼頭，於 1980 年改建為住宅和富中心。

其背後介乎春秧街與英皇道間的新填地段上，又建成四十座唐樓，所以這一帶又被稱為「四十間」。

1948、1949 年間中華汽車有限公司（中巴）亦在附近，現港運城所在，興建新巴士廠。

當時，有大量被稱作「上海人」的外省人士移來香港，在北角定居，北角因而被稱為「小上海」。為迎合他們的消費口味，喬家柵、燕雲樓、三六九等多家外江菜館，在北角開張。此外還有一間雲華夜總會。

1949 年 12 月，設有夜總會、戲院及機動遊戲場的月園遊樂場開幕，東華三院的慈善遊藝會亦多次在此舉行，1952 年易名為「大世界」。

同年璇宮（1959 年易名為皇都）戲院落成。兩年後的 1954 年，都城（現新都城大廈所在）戲院落成，所在於二十世紀初期為覓得波（Metropo）酒店。

都城戲院斜對面，糖水道的北角電車總站，於 1953 年啟用。

這一帶旁邊為炮台山、名園山、琴台山、繼園山、健康村山等的北角山段，1950 年代的地皮價格每呎由港幣二十七元至四十元。因地價廉宜，吸引大量發展商在此興建高尚住宅樓宇，原來的寮屋居民則被遷徙往柴灣。

早於 1950 年，當局在接近天后區，原亞細亞火油廠的地段上開闢水星街、木星街、蜆殼街及麥連街，多幢住宅樓宇在此興建。該火油廠於 1949 年遷往茶菓嶺。

1954 年，英皇道的模範邨陸續落成，為香港首批的廉租屋。隨後，清拆村落的健康村以興建健康邨廉租屋，首兩座於 1956 年入伙。

1957 年 11 月，位於渣華道的龐大北角邨廉租屋落成。

1958 年，當局將由電照街至糖水道間，一段海旁行人道命名為：東堤、海港街（道）及西堤。

1959 年，建築商用爆破方法夷平位於皇都戲院前方，英皇道兩旁的兩座小山，以興建五洲大廈及南方大廈。

及北角

英皇道與電廠街交界，1953 年。
左方為 1952 年底開幕的璇宮戲院（1959 年易名為皇都），
璇宮的後方為大世界遊樂場入口處的熙和街。
位於戲院前及右方長康街前的兩座小山，於 1959 年被夷平，以興建南方及五洲大廈。

接近炮台山道的英皇道,1988 年。正中可見電廠街交界的皇都戲院。

(何其銳先生提供)

由北角道西望英皇道，約 1955 年。
左方為北景街口的北角（霖記）士多，
最高的是雲華酒樓及夜總會所在的雲華大廈，右方可見現五洲大廈所在的小山。

月園遊樂場的入口，約 1950 年。

「小上海」北角英皇道，約 1958 年。
已有若干座高樓大廈，電車旁可見皇后飯店及以「一味靠滾」為標榜的駱駝嘜熱水瓶招牌。

1966 年 6 月 12 日，
暴雨期間，數十部汽車被由名園山沖下的洪水所推撞而堆疊在一起。

北角碼頭旁的巴士總站，約 1993 年。

左中部為落成於 1957 年的北角邨廉租屋。

由糖水道西望春秧街，1981 年。（右圖）

這一帶被稱為「四十間」，一直以來都是攤販雲集。

（何其銳先生提供）

北角七姊妹海灘,約 1920 年。
右方有棚架處為名園遊樂場的茶座,所在約為現時的新都城大廈。

在北角七姊妹海灘泳棚一帶舉行的端陽競渡，約 1930 年。

炮台山及天后廟山一帶的木屋，約 1968 年，航空母艦的左方為中環。

由西灣河聖十字徑西望筲箕灣道，約1953年。
右方古舊街市後，位於太安街交界的太古宿舍，於1968年改建成太安樓。
正中可見太古船塢及起重吊臂。

鰂魚涌

1880 年，港督軒尼詩以約六千元的價格，批出一幅位於土名打石灣（Quarry Bay）、被形容為「荒涼」的地段予太古洋行，以興建樓房及糖廠，於 1882 年落成。

該地段俟後亦有太古的汽水廠及國光漆廠。

到了十九世紀末，當局再在早期名為「黃角咀」及「水淺灣」的鰂魚涌角一帶，批出地段予該洋行，用作興建遠東最大的船塢——太古船塢，於 1907 年落成。新船塢曾一度與黃埔船塢作激烈的業務競爭。

1922 年，為擴闊筲箕灣道（英皇道），太古洋行同意讓出部分鰂魚涌地段，但政府則要在鰂魚涌海面，填築十五萬呎地段予太古以作補償。

1929 年，由經營巴士業務的電車公司，開辦一條由卜公碼頭至太古船塢的巴士路線。

位於鰂魚涌名為「石樓峯」山段的「魏二伯公（原名魏石樓）廟」（又稱「二伯公廟」），於 1935 年中禁娼前，有不少妓女帶備鴉片煙及咖哩雞前往膜拜。

1973 年，太古船塢與黃埔船塢合併，組成一聯合船塢。修船業務遷往青衣。太古水塘及船塢原址則改建為南豐新邨、太古城、康山及康怡花園等屋邨。糖廠及漆廠等地段則由 1980 年代起發展為太古坊。

筲箕灣是位於鰂魚涌角以東迄至阿公岩以西，包括西灣河的區域。早期的名稱為「臥人灣」或「餓人灣」，筲箕灣的名稱是源於此區對出，形似筲箕的海灣——愛秩序灣。

早期的居民以打石和捕魚為主。

1872 年，位於筲箕灣道與太安街交界的街市落成。

一直以來，筲箕灣為一自給自足的漁港。電車於 1904 年通車之前，由筲箕灣往來各區主要靠渡輪。

筲箕灣區的重大發展，是始於太古船塢在 1907 年落成之後，西灣河及筲箕灣增加了大量主要為太古船塢的工人。

1908 年，當局首次在筲箕灣填海，獲得土地十萬呎。

1910 年，政府在筲箕灣設一於船上的海面醫局，派一醫生駐診，方便水上居民。

1920 年代，包括馮強樹膠製造廠的若干間工廠，在筲箕灣西大街創設，稍後再有康元製罐廠及振興糖果廠等。

早於 1910 年，已有電船由筲箕灣前往將軍澳坑口。和平後的 1948 年，筲箕灣至茶菓嶺、三家村及茜草灣之渡海小輪開航。

1951 年，由筲箕灣至石澳的 9 號線巴士開始行駛，所經的一段香島道，於 1959 年改名為「柴灣道」。

1950 年代起，柴灣逐漸發展為工業及徙置區。1966 年，筲箕灣明華邨廉租屋落成。

介乎北角、鰂魚涌與柴灣之間，作為一中轉站的筲箕灣，隨着地下鐵路和東區走廊通車，以及愛秩序灣填海的完成，日趨繁盛。

及筲箕灣

約 1905 年的筲箕灣道（英皇道）及七姊妹海灘。
正中的太古糖廠地段現時為太古坊所在。
右方的山段於 1954 年建成香港首座廉租屋苑模範邨。

約 1960 年的太古船塢，右方為英皇道。

約1935年的鰂魚涌區。可見正在擴闊重整為英皇道的筲箕灣道。
正中為太古糖廠，其前方的填海工程即將完工，1940年麗池游泳場在此地段上落成。
圖片的左中部為太古船塢。

西灣河望太古船塢及浮塢，約 1973 年。
左中部公司辦公樓的後方為英皇道及康山。

約 1930 年的筲箕灣愛秩序灣，右方為現時的柴灣道一帶。

SHAU-KI-WAN.

由東大街望筲箕灣道尾的電車總站，1951 年。

右方為該區的名店洞天酒家。

（照片是由電車上駕駛座旁的梁紹桔先生提供）

由海寧街向西望筲箕灣道，約 1955 年。
正中為街市及太安樓，右方為當時較新式的住宅樓宇。

約 1925 年的愛秩序灣。

左方為筲箕灣道，其上端為柴灣道，而早期的名稱為「香島道」。

約 1925 年的筲箕灣愛秩序灣。正中的海邊石上有一座簡單的天后宮。
左方為東大街一帶。

筲箕灣譚公廟，約 1950 年。

參考資料

《循環日報》，1874-1889 年。
《華字日報》，1895-1941 年。
《星島日報》，1938-1965 年。
Europe in China: the History of Hong Kong from the Beginning to the Year 1882,
by E.J. Eital, Hong Kong, Kelly & Walsh Eld., 1895.

鳴謝

何其銳先生
吳貴龍先生
陳創楚先生
佟寶銘先生
張順光先生
麥勵濃先生
梁紹桔先生
香港大學圖書館

由跑馬地東望銅鑼灣及天后區，約 1952 年。

前右方為禮頓山的公務員宿舍，其背後可見剛開始進行高士威道前的填平避風塘工程。

後方為天后區興發街的敬記船廠，以及其左方的馬寶山糖果餅乾廠及廣生行化妝品廠等。

天后山迄至炮台山一帶木寮屋遍佈。馬寶山及廣生行的廠房所在現時分別為維多利大廈及萬國寶通大廈。

（張順光先生提供）

責任編輯：胡卿旋
裝幀設計：fuse tsang
排版：fuse tsang
印務：劉漢舉

此時彼刻：港島東百年變遷

編著　　　鄭寶鴻

出版　　　中華書局（香港）有限公司
　　　　　香港北角英皇道 499 號北角工業大廈 1 樓 B
電話　　　（852）2137 2338
傳真　　　（852）2713 8202
電子郵件　info@chunghwabook.com.hk
網址　　　http://www.chunghwabook.com.hk

發行　　　香港聯合書刊物流有限公司
　　　　　香港新界大埔汀麗路 36 號
　　　　　中華商務印刷大廈 3 字樓
電話　　　（852）2150 2100
傳真　　　（852）2407 3062
電子郵件　info@suplogistics.com.hk

印刷　　　中華商務彩色印刷有限公司
　　　　　香港新界大埔汀麗路 36 號中華商務印刷大廈 14 字樓

版次　　　2015 年 6 月初版
　　　　　© 2015 中華書局（香港）有限公司

規格　　　大 16 開（255 mm x 210mm）

ISBN　　　978-988-8340-21-7